AF450770

TRAITÉ

DE LA FILATURE & DU MOULINAGE

DE LA SOIE.

TRAITÉ PRATIQUE ET RAISONNÉ

DE LA

FILATURE

ET DU

MOULINAGE

DE LA SOIE,

PAR

ÉMILIEN REIDON,

Fileur-Moulinier à Saint-Jean-de-Valérisele (Gard),

Membre de l'Académie Nationale, Agricole, Manufacturière
et Industrielle de Paris.

SE VEND A ALAIS

CHEZ J. MARTIN, IMPRIMEUR-LIBRAIRE, GRAND RUE, 122.

ET CHEZ M. MALIGNON-MARTIN, LIBRAIRE,

Basse-Place Saint-Jean.

A MES CONFRÈRES.

Aider, dans la mesure de mon expérience de vingt années, les Filatures françaises à soutenir la concurrence chaque jour plus redoutable des soies étrangères, tel a été mon premier but dans les conseils objet de cette publication. Si, faute d'atteindre directement ce but, je n'avais réussi qu'à provoquer des efforts semblables et plus efficaces que les miens, je m'estimerais toujours très heureux d'avoir livré à la publicité un essai que m'a suggéré mon dévouement à mes compatriotes.

TRAITÉ PRATIQUE ET RAISONNÉ

DE LA FILATURE ET DU MOULINAGE

DE LA SOIE.

Lᴀ filature de la soie comprend neuf opérations :

PREMIÈRE OPÉRATION.

Achat des Cocons.

Achetez toujours de préférence les cocons dont les vers ont été élevés avec de la feuille fine, soyeuse, que l'on récolte principalement sur les montagnes.

Ces cocons, par leur nature, produisent une soie plus nette et surtout moins duveteuse, et vous y trouvez une économie considérable dans les déchets de la filature au bénéfice de la soie.

Il existe aussi de bons cocons dans la plaine, où le terrain est pierreux, léger ; la feuille est préférable, et par conséquent le cocon.

Le terrain limoneux donne de la feuille grossière, le cocon est inférieur en qualité. Il produit une soie d'une couleur plus brillante, mais une soie qui possède des bouchons, du duvet en plus grande quantité, et on obtient avec ce cocon plus de déchet à la bassine.

Choisissez dans vos achats les cocons moyenne forme. Rarement le gros cocon est de bonne qualité ; son fil est d'ordinaire plus grossier, et souvent il est faible de pointe, défaut capital qui occasionne un déchet considérable.

Conseillez aux éducateurs de vers-à-soie de s'attacher aux cocons moyenne forme ; le fileur y trouvera un grand avantage.

Lorsqu'on vous présente un échantillon de cocons, ne les touchez jamais par le milieu ; prenez-les par les extrémités, et, s'il cède à une faible pression, vous reconnaitrez que le cocon est faible de pointe. N'importe le sacrifice que pourrait faire le vendeur, n'achetez jamais de ces cocons ; vous y êtes toujours en perte.

Ce cocon faible de pointe provient d'un ver qui, lors de son travail pour former le cocon, n'a pas eu le degré de chaleur convenable ; le froid l'a engourdi, et alors il n'a pu semer sa soie régulièrement. Il est bien reconnu que la trop forte chaleur produit le même effet. Ne craignez pas de donner des conseils à l'éducateur de vers-à-soie, car vous avez aussi intérêt à ce qu'il réussisse.

Demandez aux porteurs des échantillons les endroits où les cocons ont été récoltés. C'est d'autant plus important que vous connaissez par expérience les localités où les cocons sont préférables.

N'hésitez pas un seul instant à donner cinq et même dix centimes par kilogramme en sus du cours pour des cocons qui ne laissent rien à désirer ; vous compensez largement ce petit sacrifice par le moins de déchet à la filature, par le plus de produit qu'obtient la fileuse, et par la qualité supérieure de votre soie.

2ᵐᵉ OPÉRATION.

Réception des Cocons.

N'achetez jamais dans une même journée plus de cocons que vous ne pouvez en étouffer, afin d'éviter, lors de la réception, des encombrements qui sont très préjudiciables au fileur. Soyez toujours en position d'étouffer les cocons au fur et à mesure qu'ils vous arrivent ; car, du jour au lendemain, vous courez la chance de voir éclore le papillon, ce qui vous occasionne une perte énorme ; si même le papillon ne vient pas à éclosion, le ver ne commence pas moins à percer son cocon, qui ne produit alors que très peu de soie.

Veillez avec attention à ce que les cocons livrés soient conformes à l'échantillon qui vous a été remis, et à ce que la quantité annoncée soit à peu près conforme au chiffre de vente, et enfin à ce que les cocons tachés ou faibles aient été enlevés par le vendeur.

Quand les cocons sont en hausse, on rencontre trop

souvent des vendeurs qui ne se font pas scrupule de faire passer tous leurs mauvais cocons, et ne livrent pas la quantité annoncée afin de profiter autre part de l'augmentation. Par contre, quand les cocons sont en baisse, on vous en livrera une quantité plus considérable.

Il est fâcheux de le dire, la loyauté ne préside pas toujours à ce genre de transaction. Mais aussi soyons justes avec le vendeur, et n'ayons jamais des exigences qui ne soient bien fondées.

Remarquez avec soin si les cocons que vous recevez ne sont pas humides par la faute du vendeur; s'il n'existe pas quelques papillons qui prouvent que les cocons sont restés trop longtemps sur la bruyère. Dans les deux cas, le cocon donne plus de poids, et vous pouvez en outre conclure qu'il existe beaucoup de cocons que le ver a commencé de percer pour éclore, ce qui occasionne un déchet considérable à la bassine.

Ayez encore soin, dans vos achats, de ne pas recevoir des cocons dont le ver n'est pas encore transformé en chrysalide. Vous reconnaitrez ce défaut en plongeant la main dans le milieu du drap qui renferme les cocons : on a observé que ces cocons, en subissant la pression résultant du moindre trajet, se ramollissent et donnent une transpiration froide. En outre, le ver étant encore attaché au cocon par son fil de soie, la chrysalide n'est pas formée, et ce cocon, en l'agitant à l'oreille, ne résonne pas comme le fait la chrysalide.

Vous éprouvez alors une double perte :

1° Par le poids plus considérable du cocon ;

2° Par la soie dont est privé le cocon, le vendeur n'ayant pas donné au ver tout le temps nécessaire pour terminer son travail.

Toutes les précautions que je viens de signaler ont une importance essentielle.

Lorsque vous recevez les cocons, ayez la précaution de ne pas trop les entasser, sans quoi le cocon se détériore, la chrysalide périt et tache le cocon, nouvelle cause de déchet à la filature.

Réunissez, autant que possible, dans un appartement séparé, les cocons de la même grosseur, vous éviterez ainsi le duvet et des irrégularités dans le titre de la soie. Le petit cocon a le fil de soie plus fin que le gros, et, en outre, ayant une circonférence moindre, il se dévide toujours plus vite. Le mélange des uns et des autres produit, je le répète, du duvet et de l'irrégularité dans la soie.

3me OPÉRATION.

Manière d'étouffer les Cocons.

Il existe des filatures qui étouffent à sec et d'autres à la vapeur.

Ce dernier mode est préférable par cette raison, que

la vapeur fait mieux reconnaitre tous les cocons dont la chrysalide a péri, et on ne peut utiliser ces cocons tachés qu'en les filant tout de suite ; en outre, à la vapeur, vous ne courez pas la chance de brûler le fil du cocon, ce qui peut arriver en étouffant à sec.

Néanmoins je crois indispensable, dans un atelier d'une certaine importance, de posséder les deux appareils. Si le temps est à la pluie et qu'on ait trop de cocons à étouffer, on fait fonctionner l'un et l'autre.

Pour étouffer à sec, je crois le système Cavalier préférable, et, à la vapeur, l'appareil Veillon d'Alais.

Avant d'étouffer, il convient de faire choisir tous les cocons tachés ; ce sont des cocons dont la chrysalide a péri ; ils n'ont pas besoin de l'opération qui nous occupe, ils ne pourraient que se détériorer, et l'on n'en tire jamais un aussi bon parti à la filature.

Il est essentiel de ne pas trop entasser les cocons dans les tiroirs destinés à l'opération. Sans cette précaution, la vapeur ou l'action du feu ne pénètrerait pas les cocons assez régulièrement, et l'on serait exposé à voir éclore des papillons.

Vous reconnaitrez que le temps nécessaire à la perfection de l'opération est écoulé, en ouvrant un cocon double du plus haut tiroir où l'action du feu ou de la vapeur pénètre plus lentement. Si le cocon double, dont l'enveloppe est plus épaisse, est suffisamment étouffé, à plus forte raison le cocon simple.

Exigez surtout que l'appareil soit toujours maintenu au même degré de chaleur.

Il y a des cocons qui exigent moins de temps pour être étouffés ; ce temps dépend de leur force ; c'est une appréciation que l'expérience dictera à la personne spécialement chargée de cette importante opération.

4me OPÉRATION.

Premier triage des Cocons.

Aussitôt les cocons étouffés à la vapeur, vous les transportez sur des tables exposées au soleil et recouvertes d'une toile grossière.

Choisissez avec soin tous les cocons tachés ou faibles, et donnez-les à filer immédiatement.

Ne mettez pas les cocons trop entassés sur les tables, car alors ils sèchent plus lentement, et vous reconnaissez difficilement tous les cocons de qualité inférieure.

Ne laissez pas vos cocons exposés trop longtemps au soleil, qui ne pourrait que les détériorer. En étouffant à sec vous avez les mêmes tables, mais il convient de les placer à l'abri du soleil.

Vos cocons bien secs et choisis, vous les transportez dans des appartements assez vastes, vous les placez sur des roseaux formant des étages de cinquante centimètres en hauteur et de deux mètres en largeur.

Les cocons entassés deviennent bientôt humides par le fait de la transpiration de la chrysalide. Dès lors il y a nécessité de les remuer tous les jours, jusqu'à ce que la chrysalide soit parfaitement sèche. Que les appartements où sont logés vos cocons soient surtout très aérés ! Négliger cette précaution, c'est s'exposer à avoir des cocons moisis ; d'où une perte très sensible pour le fileur.

Mettez soigneusement de côté tous les cocons inférieurs que vous recevrez. Le triage effectué, donnez-les à filer sans retard ; vous les utilisez ainsi beaucoup mieux, de même que les cocons tachés, qui ne tardent pas à être attaqués et percés par un ver particulier.

Ces détails disent assez combien cette opération du premier triage exige de l'attention.

5me OPÉRATION.

2me triage des Cocons.

Nous distinguons six natures de cocons :

1° Le cocon fin, dont le tissu est le plus serré, qui renferme le plus de gomme, et qui ne laisse rien à désirer sous tous les rapports ;

2° Le cocon grossier, dont le tissu est moins serré, provenant d'un ver qui a été élevé avec de la feuille récoltée surtout dans les terrains gras et limoneux ;

3° Le cocon faible, produit d'un ver qui a pris une

nourriture insuffisante, et contenant alors peu de soie;

4° Le cocon satiné; on le dit provenir d'une trop forte chaleur, qui a poussé le ver à précipiter le rendement de sa soie, et l'a empêché de serrer son tissu. Ce cocon renferme très peu de gomme, et se reconnait facilement à sa couleur brillante, qui lui a fait donner le nom de *satiné*;

5° Le cocon taché, dont la chrysalide a péri avant d'être étouffée, provenant encore d'une trop forte chaleur dans la magnanerie, qui a fait fondre la chrysalide;

6° Le cocon double, produit de deux vers qui ont travaillé ensemble pour former un même cocon. Presque toujours les deux fils de ce cocon viennent en sens inverse, ce qui en rend le dévidage très difficile, et par cela même il ne donne qu'une soie grossière et inférieure, que l'on comprend dans les débris de filature.

Organisation du triage.

Je fais choix d'un ouvrier très intelligent pour surveiller cette opération.

Je dispose une table avec des compartiments divers destinés à recevoir les diverses natures de cocons.

Je crée trois sections parmi les ouvriers chargés de ce travail.

La première section est composée des ouvriers les plus

intelligents, auxquels je donne le soin de choisir trois natures de cocons, les satinés, les faibles et les doubles.

La deuxième section, formée d'ouvriers moins capables, a pour tâche le choix de deux natures de cocons, les fins et les grossiers, que l'on reconnait plus facilement, et dont le mélange cause moins de préjudice au fileur.

Les ouvriers de la troisième section, plus jeunes et ayant aussi moins de discernement, sont occupés 1° à choisir le cocon taché, qui frappe la vue, 2° à en enlever la partie bourreuse.

On comprend facilement que la trieuse serait exposée à un mélange fâcheux des diverses natures de cocons, si je lui donnais les *six choix à faire* en même temps ; je lui simplifie son travail par ma répartition ; cette opération, d'une importance majeure, se trouve ainsi distribuée entre des ouvriers qui remplissent, chacun, la fonction en rapport avec son intelligence. C'est là une des premières garanties du succès.

La surveillante contrôle tous les choix de cocons, et l'ouvrier qui s'est mal acquitté de sa tâche particulière est tenu de recommencer son triage.

La deuxième section, en faisant les deux choix de cocons qui lui sont assignés, vérifiera le travail de la troisième section ; et la première section en fera de même à l'égard de la deuxième. A l'aide de ce contrôle d'une section par une autre, on connaitra les ouvriers en défaut, et l'on obtient ainsi un triage qui ne laisse rien à désirer. Le prix de la journée de chaque ouvrier est fixé d'après son intelligence et son activité.

L'ouvrier du triage (c'est toujours une jeune fille) reçoit un salutaire encouragement par la faculté que je lui procure d'apprendre à filer : trois fois par jour, je lui permets de monter sur la bassine, la fileuse étant derrière elle pour l'observer et lui donner les indications convenables.

Ce système me fournit toujours une grande quantité de bonnes fileuses, avantage des plus précieux ; et j'échappe ainsi à l'obligation de prendre dans les autres établissements des ouvriers qui n'apportent que trop souvent des habitudes vicieuses, difficiles à modifier. Je n'ai que des ouvriers élevés selon mes principes, et dont l'action est remarquable par la régularité.

On m'objectera ici, je le sens, que les ouvriers dont l'éducation m'a coûté bien des sacrifices, peuvent déserter mon atelier au profit d'autres fileurs. Il importe donc de prendre des mesures en vue de prévenir l'infidélité et l'ingratitude de ces ouvriers-apprentis. A cet effet je fais à chacun une retenue de quinze centimes par jour pendant trois ans, durée de l'apprentissage ; le produit de toutes ces retenues est placé à la caisse d'épargne (intérêt à leur bénéfice), et je ne rembourse la retenue de chaque ouvrier que dans des cas majeurs prévus par le règlement de la maison. Ce principe d'ordre est juste, et il sauvegarde l'intérêt de mon établissement.

2*

Beaucoup de fileurs conservent pour le triage un vieil usage que je crois défectueux et qui consiste à confier cette opération à des femmes âgées ; or il arrive souvent que la vue de ces ouvrières n'est point assez bonne pour distinguer les diverses natures de cocons. Les jeunes filles, que j'emploie de préférence, sont, je le répète, intéressées à bien faire par les moyens d'existence que je leur procure en leur apprenant à filer.

Conséquences fâcheuses du mélange des Cocons.

Si vous mélangez les diverses natures de cocons, vous n'obtiendrez jamais une soie nette ni régulière, et vous augmenterez dans une grande proportion les déchets de filature et surtout les bouchons et le duvet de la soie, ce qu'il est aisé de démontrer. Le cocon fin premier ordre exige plus de temps à l'opération du battage que le cocon satiné, qui est bien loin de posséder la même quantité de gomme. Il est donc évident que vous détériorez, vous percez ce dernier cocon si vous le battez aussi longtemps qu'il est nécessaire d'agir sur le cocon fin. De là une augmentation dans les déchets au détriment de la soie.

Il en est du cocon faible comme du cocon satiné : il est pénétré par la vapeur bien plus rapidement que le cocon fin.

Si vous battez trop longtemps les cocons satinés et les cocons faibles, vous multipliez inévitablement les bouchons et le duvet de la soie.

Enfin le cocon double, qui a deux fils venant en sens inverse, ne peut se dévider avec le cocon simple. Il occasionne la jonction des deux brins de soie, ce que nous appelons *mariage* en terme de filature. Nouvelle cause de déchet.

En résumé, les diverses natures de cocons ne peuvent sympathiser ; il est donc essentiel de les séparer avec la plus grande attention.

Organisation de la Filature.

Ma filature de cent bassines est subdivisée en quatre sections de *vingt-deux fileuses* et *trois batteuses*.

Chaque section a une surveillante spéciale prise parmi les ouvriers qui inspirent le plus de confiance sous le rapport de la probité et de l'intelligence.

Un commis et une surveillante générale sont spécialement préposés à l'ensemble des opérations.

Chaque fileuse reçoit une mesure de cocons du même poids, et aussitôt que cette mesure est terminée, on pèse la soie afin de se rendre un compte exact du produit journalier de cette mesure de cocons. A la fin de la journée le commis et les surveillantes font isolément leur rapport au chef d'atelier, et signalent les défauts des ouvriers ; note en est prise sur un registre avec le numéro d'ordre et le nom de la fileuse.

La surveillante de chaque section prend tour à tour, dans la mesure de chaque fileuse, la quantité voulue de cocons, les apporte à la batteuse, et les rend une fois battus à la même fileuse ; toute confusion à cet égard est rendue impossible par la précaution d'accompagner chaque quantité transportée du numéro d'ordre de la fileuse.

Elle veille en même temps à la régularité du titre de la soie, à la croisure, à l'économie des déchets ; elle est en un mot responsable de ses ouvriers.

Toutes ces précautions ont pour résultat de faire connaitre exactement chaque jour les fileuses qui font trop de déchet, donnent peu de travail et rendent de la soie bouchonneuse, duveteuse et irrégulière.

A la fin de chaque semaine vous êtes fixés sur le mérite de chaque section.

Avez-vous quelques représentations à faire à la surveillante, adressez-vous à elle en particulier, jamais en présence des ouvriers ; vous blesseriez son amour-propre et nuiriez à son autorité. Que le chef d'atelier cherche à corriger par lui-même l'ouvrier dont on est mécontent ; il a toujours plus de chance de réussir que son représentant.

Il y a dans la filature une infinité de petits détails qui exigent la présence continuelle du chef. Le plus intéressé de tous à ce que tout fonctionne convenablement, il ne saurait trop multiplier sa personne, il ne saurait trop se faire esclave de son atelier.

6me OPÉRATION.

Battage des Cocons.

Dans ma filature de cent bassines, je choisis douze ouvriers les plus intelligents pour faire cette opération; je leur donne par jour quinze centimes de plus qu'à la fileuse.

La batteuse reçoit les cocons des mains de la surveillante avec le numéro d'ordre de la fileuse à qui appartiennent ces cocons. A l'aide d'une raquette en cuivre et percée, elle les immerge dans une eau en ébullition aux environs de 90 degrés. Dès que les cocons ont perdu leur couleur blanchâtre, on a la preuve qu'ils sont battus ou cuits suffisamment. L'ouvrier prend alors son balai de bruyère, obtient aussi rapidement que possible le fil de chaque cocon et le détache du balai. On a généralement l'habitude de battre constamment les cocons au lieu de simplement les immerger; c'est une faute, car on fatigue par là inutilement le bras de la batteuse, et en outre on détériore le cocon, on finit par le percer avec ces coups si réitérés.

La batteuse, aussitôt cette première opération terminée, forme ce que nous appelons la *coste* de filature ou le frison, qu'elle étire autant que possible d'une longueur de 30 centimètres, pour enlever au cocon la partie bourreuse.

Le balai, malgré les soins de l'ouvrier, n'amène pas le fil de tous les cocons. La batteuse doit alors prendre sa coste avec la main gauche, lui imprimer un mouvement circulaire qui, déplaçant les cocons déjà attachés, les ramène à leur position, et isole ainsi les cocons, libres encore ou détachés, en les rejetant sur le devant de la bassine.

Cette préparation terminée, la surveillante de section prend les cocons des mains de la batteuse dans un récipient creux et percé, et les transporte à la fileuse que le numéro d'ordre indique.

Tous les cocons ne se dépouillent pas entièrement; il arrive trop souvent que le fil de soie casse. La surveillante prend alors les cocons ainsi détachés et les apporte à la batteuse, qui les remet dans la bassine, mais avec la précaution d'attendre que les cocons qui reçoivent pour la première fois l'action de la vapeur soient suffisamment cuits.

La batteuse prend un balai spécialement destiné à ces cocons détachés, et cherche à en obtenir le fil avec toute la célérité possible, pour éviter une trop forte déperdition de gomme.

On comprend que ces cocons détachés qui retournent au battage exigent beaucoup de soin de la part de l'ouvrier. Si ces cocons séjournent trop longtemps dans l'eau bouillante, ils occasionnent un déchet considérable, des bouchons et surtout du devet.

Parmi ces cocons détachés, nous avons beaucoup de *pelettes* (on désigne de ce nom un cocon qui s'est dévidé en grande partie, qui laisse apercevoir la chrysalide, et dont le fil est plus fin dans sa dernière partie que dans la première moitié, parce que le ver s'est épuisé en terminant son cocon et n'a pu donner un fil de soie aussi fort qu'à l'origine de son travail).

La pelette ne donne que $1\frac{1}{2}$ litre de soie.

Le cœur du cocon, de $2\frac{1}{2}$ à $2\frac{1}{4}$ en général.

Pour éviter les écarts en titre fin, il est très urgent de mélanger ces pelettes, lors du battage, avec les cocons qui commencent à se dévider, sous la réserve que j'ai faite.

Il est très essentiel que la batteuse ait toujours un balai bien fait, renouvelé chaque jour, et qu'elle enlève surtout à toutes les battues la bourre qui s'attache au balai : sans cette précaution le balai ne prendrait les fils de soie qu'imparfaitement.

Ne battez jamais trop de cocons à la fois, sinon l'opération du battage ne peut être bien faite ; vous multipliez dans ce cas la quantité des cocons détachés, ce qui est une des causes principales de déchet.

Le matin, au début de la journée, il y a nécessité que la fileuse batte ses cocons, les batteuses ne pouvant suffire à alimenter toutes les fileuses dans un court laps de temps. Mais alors que votre surveillance soit des plus actives. Pendant ce temps d'arrêt, la batteuse s'occupe à confectionner son balai et à mettre en bon état les frisons de la filature, dont la fileuse n'a pas à s'occuper.

Le battage est sans contredit l'opération qui exige le plus de soin ; la négligence de l'ouvrier aurait des conséquences funestes pour le fileur, et je ne dois mes bons résultats de filature qu'au système de battage que j'ai mis en pratique depuis six ans.

7me OPÉRATION.

Méthode pour purger les cocons.

La fileuse reçoit les cocons des mains de la surveillante. Aussitôt elle ouvre son robinet de vapeur, et lorsque l'eau de la bassine est en ébullition, elle prend la coste avec 1 main gauche, dont la position doit, autant que possible, être rapprochée de la surface de l'eau que contient la bassine.

Avec la main droite elle choisit tous les fils des cocons bouchonneux, que reçoit la main gauche.

Elle ne purge en premier lieu que le tiers des cocons qui sont dans la bassine, et renouvelle trois fois la même opération.

Beaucoup de fileurs tolèrent que la fileuse lance le fil de soie et purge en même temps ; vous obtenez, il est vrai, par là un peu plus de travail, mais votre soie n'est pas régulière, vous augmentez les déchets de filature.

La fileuse ne peut bien faire en même temps deux opérations. Il y en a toujours une qui souffre ; en purgeant elle néglige son brin de soie, ne pouvant suffire à lancer des bouts.

Exigez donc que la fileuse arrête son volet lorsqu'elle s'apercevra que les cocons ont à être purgés. Simplifiez toujours le travail de l'ouvrier. Veillez surtout à ce que la fileuse prenne chaque cocon isolément pour lui faire subir cette opération. Souvent pour purger un cocon, elle en purge cinq ou six qui n'en ont pas besoin, ce qui occasionne un déchet considérable.

Incontestablement c'est l'opération la plus difficile et qui exige le plus de soin de la part de la fileuse.

8me OPÉRATION.

Croisure de la soie.

La fileuse passe les deux brins de soie dans une agate percée (procédé Tardieu, de Valence, adopté généralement par tous les fileurs premier ordre).

La main droite porte les deux brins sur la main gauche qui les tord ensemble et les applique au volet.

Nous employons avec succès le procédé *L' Chambon*,

3

d'Alais, vulgairement connu sous le nom de *Évite-mariage*.

Avec l'écartement des deux brins de soie on resserre la croisure, qui alors produit plus d'effet; la soie est plus nerveuse, plus élastique. Il y a encore un autre avantage: si la fileuse n'a pas à ses deux brins de soie la même quantité de cocons exigée, le brin le plus fort emporte bien souvent le plus faible, et nous évitons de cette manière des irrégularités dans le titre de la soie; le mariage ou la jonction des deux brins a lieu par le moyen d'une deuxième croisure. Le procédé Chambon chasse le brin double sur l'axe du volet.

Il existe, il faut le dire, un inconvénient dans ce procédé : le mariage n'est point chassé en dehors du volet si la fileuse fait mal sa deuxième croisure, et l'on court la chance d'avoir de gros bouts sur la soie. Il y a donc là encore une amélioration, un perfectionnement à chercher.

Une soie qui manque de croisure ne peut être élastique ; elle possède en outre une plus grande quantité de bouchons. Voilà pourquoi je conseillerai d'adopter la croisure mécanique, qui facilite l'ouvrier dans cette opération. Vous pouvez limiter cette croisure, qui alors est toujours régulière, parfaite ; vous simplifiez la surveillance ; vous obtenez plus de célérité dans l'opération, et votre soie est exempte des deux défauts que je signale.

Il y a, ai-je dit, un perfectionnement à apporter encore au procédé de l'*Évite-mariage*. Mais loin de moi la pensée d'amoindrir en quelque manière le mérite de la belle découverte de M. Louis Chambon, en qui Alais a perdu, n'hésitons pas à le dire, un industriel de génie. La mémoire de Louis Chambon vivra chez ses compatriotes, car c'est à la recherche du progrès qu'il consacra une grande partie de sa fortune, et l'industrie des soies lui doit des améliorations pratiques dont elle continuera longtemps à profiter.

9me OPÉRATION.

Brin de la soie.

La fileuse passe les deux brins de soie dans une agate avec la quantité de cocons déterminée. Elle lance avec la main droite chaque cocon pris isolément. Ne lui permettez pas de lancer plusieurs cocons à la fois pour éviter les bouchons.

Les difficultés de la fileuse augmentent au fur et à mesure qu'elle a plus de cocons à diriger; il faut dès lors lui rendre son travail plus facile.

Les 5/6, 6/7 cocons et au-delà ne sont filés régulièrement que par un très petit nombre de fileurs.

Les 5/6 cocons destinés aux étoffes satin exigent surtout une régularité parfaite; une soie qui n'aurait pas ce mérite ne pourrait pas s'employer pour ce genre d'étoffe, même en admettant qu'elle possédât toutes les autres qualités.

Les 7/8 et jusqu'à douze cocons sont destinés au tissu des tamis qui exige au moins autant de régularité que le satin.

Pour obtenir une régularité parfaite dans ces *titres fermes*, ralentissez le mouvement du volet autant que cela sera nécessaire. Pour les titres au-delà de huit cocons, disposez dans votre bassine quatre compartiments renfermant chacun la même quantité de cocons qui se réduisent à deux brins à la croisure. De cette manière la fileuse peut compter exactement le nombre de ses cocons, et vous rendez la surveillance très facile; ce système, en filant deux flottes de soie à douze cocons, permet d'obtenir un titre aussi régulier que si l'on filait à 3/4 cocons.

Maintenant que j'ai parcouru toutes les opérations de la filature, je vais signaler les divers défauts de la soie, et les moyens de les corriger ou de les diminuer sensiblement.

Déchets de la filature.

Je crois être dans le vrai en avançant que les fileurs premier ordre, ceux qui produisent des soies pour l'emploi des étoffes satin qui exigent le plus de perfection dans la matière première, n'obtiennent pas, en général et année commune,

Le kilogramme soie fine au dessous de 13 kilogrammes 300 grammes de cocons.

La partie soyeuse du cocon utilisée ne serait pour 100 que de $7\frac{5}{8}$, et l'on sacrifierait aux divers déchets de filature jusqu'à $92\frac{3}{8}$.

Diminuer ces déchets énormes et augmenter le produit en soie, telle est depuis longtemps ma constante préoccupation. Par quels moyens obtenir de meilleurs résultats? C'est ce que je vais examiner.

J'ai suffisamment démontré, en traitant du battage des cocons, que le fil qui casse et dont on est obligé de soumettre une deuxième fois le cocon à l'opération du battage, occasionne un déchet plus considérable. Pourquoi ce fil du cocon casse-t-il si souvent? c'est par plusieurs causes que je résume ici :

1° Si le mouvement de votre filature est précipité, le fil du cocon en se dévidant reçoit une secousse trop forte, il ne peut résister et casse. On sent alors la nécessité d'adopter un mouvement lent; que le volet fasse soixante tours à la minute, c'est assez;

2° Un cocon qui n'est pas suffisamment battu ou cuit, et dont la gomme n'est pas assez détrempée, ne donne son fil de soie qu'avec peine; ce fil ne peut se détacher de son cocon, il éprouve une forte résistance, il casse.

Il est donc important que le battage des cocons soit fait avec discernement et par vos meilleurs ouvriers ;

3° Si l'eau de la bassine n'est pas un peu en ébullition lorsque le cocon donne son fil, son dépouillement se fait encore avec peine, il ne peut se détacher de sa gomme, il casse.

La fileuse n'aime pas à filer à l'eau bouillante continuellement ; elle est souvent en faute de ce côté parce qu'elle se brûle la main. Mais alors je vous engagerai à adopter la bassine double à deux compartiments alimentés par deux robinets à vapeur.

Que le robinet du compartiment où se dévident les cocons soit toujours ouvert, et l'eau constamment en ébullition.

Que le robinet qui alimente le compartiment où se trouvent les cocons à filer, ne s'ouvre que de temps en temps ; cela ne va que mieux, car le cocon qui séjourne trop longtemps dans une eau bouillante perd la plus grande partie de sa gomme ; de là du déchet, des bouchons et du duvet. J'ai adopté quelques-unes de ces bassines doubles dans cette dernière campagne, et j'en augure très bien.

Choix et préparation de l'eau.

Si vous alimentez vos bassines avec de l'eau vive, vos déchets de filature seront plus considérables, le cocon s'écorche et produit des frisons en quantité. Mais il est facile de corriger l'eau et de l'obtenir douce, savonneuse.

Ayez à cet effet un grand réservoir qui puisse alimenter votre filature au moins toute la semaine, et qu'il soit exposé au soleil. Jetez dans ce réservoir du gravier, et des fagots de paille de seigle que vous assujettissez au fond de l'eau. Le gravier reçoit le tartre que peut contenir l'eau; la paille de seigle rend toute sa gomme, et les rayons du soleil purifient cette eau.

En outre, vous broyez les chrysalides, et le liquide très épais que vous obtenez ainsi, vous le distribuez dans les bassines plusieurs fois le jour.

Veillez à ce que vos fileuses ne fassent pas déverser l'eau de leur bassine; si l'on pouvait toujours filer avec la même eau, ce ne serait que mieux.

Je conviens d'un fait : par la préparation que je viens d'indiquer, j'altère la couleur de ma soie; elle n'a plus le même brillant. Mais n'importe, mon eau douce produit une économie sensible dans les déchets de filature; ma soie est plus nette, et surtout moins duveteuse. Elle possède enfin, ce qui importe par-dessus tout, les qualités qui la font apprécier du fabricant; car celui-ci ne fait pas attention à la couleur lorsqu'il connaît le mérite d'une filature.

Moyens de discipline.

Ne craignez pas de multiplier la surveillance de votre filature ; il y a des économies qui n'en sont pas réellement. Le meilleur ouvrier tend toujours à se négliger, et, malheureusement, il en est fort peu qui se disent, comme ils le devraient : « Je ne travaille pas seulement pour le prix » de ma journée, mais encore dans l'intérêt de mon » maître. » On ne peut guère attendre cette réflexion de bon sens d'ouvriers très dépourvus en général d'éducation.

Ayez toujours des ouvriers en abondance et autant que possible dressés par vos soins ; c'est le seul moyen d'avoir sur eux l'empire nécessaire. Sans cette condition, vous devenez souvent leur esclave, et leur mauvais vouloir peut compromettre gravement vos résultats de filature.

Si je réclame de l'ouvrier une obéissance passive, je veux aussi lui donner des encouragements. Récompensez donc le bon ouvrier, et cela par des étrennes en argent ; c'est un mobile efficace, qui indique naturellement le genre de punition qu'il y a lieu d'infliger en cas de faute, l'amende. A l'égard de l'ouvrier, en un mot, il faut être à la fois juste, sévère et généreux.

Bouchons de la soie.

Le bouchon de la soie provient de diverses causes :

1° C'est un cocon qui a séjourné trop longtemps dans

l'eau bouillante, et qui par cela même a perdu la plus grande partie de sa gomme. Dans ce cas il donne son fil avec trop de précipitation, et produit une quantité de bouchons que vous diminuerez sensiblement avec un battage fait avec discernement.

2° Un cocon qui n'est pas suffisamment dépouillé de sa partie bourreuse donne des bouchons ; veillez à ce que la fileuse apporte une attention particulière lorsqu'elle purge les cocons.

3° Le cocon satiné, privé de gomme par sa nature, est toujours disposé à donner sa soie trop vite. C'est pourquoi on est obligé de le filer à l'eau presque froide, tandis que le cocon fin exige une eau constamment en ébullition. Il suffit d'*un cocon satiné*, mélangé avec des cocons fins, pour gâter une flotte de soie par la quantité de bouchons qu'il occasionne. Vous devez comprendre combien donc il est nécessaire que le triage des cocons ne laisse rien à désirer.

4° Ne permettez jamais à votre fileuse de lancer plusieurs cocons à la fois ; et pour qu'elle ne soit pas dans cette obligation, gardez-vous de précipiter le mouvement de la filature, qui la mettrait dans l'impossibilité de suffire à son brin de soie.

5° La forte croisure empêche les bouchons de passer ; pour mieux les éviter, adoptez la croisure mécanique.

6° Il y a enfin des bouchons qui proviennent de la nature même du cocon, dont le ver n'a pas semé la soie régulièrement. Il y a alors dans le cocon des parties plus chargées de soie que d'autres ; c'est encore une des causes du bouchon.

La netteté est une des premières conditions de la soie d'ordre ; il est par conséquent essentiel de ne négliger aucun des moyens propres à la réaliser.

Duvet de la soie.

Le duvet de la soie est un petit bouchon, souvent imperceptible, que le fabricant seul reconnait sur l'étoffe.

Certains emplois, tels que les satins ou peluches, ne peuvent le supporter.

Éviter tout-à-fait ce défaut de la soie est chose impossible ; mais on peut le diminuer sensiblement.

Le cocon satiné est celui qui exige le plus d'attention à l'opération du triage. Ce cocon, privé de gomme, ne produirait que très peu de soie, si on le filait à l'eau bouillante, qui est une nécessité pour les autres natures de cocons. Si on le mélange, on le sacrifie souvent aux déchets de filature, ou, s'il se dévide avec les autres cocons, il donne une soie très duveteuse.

Le cocon faible, battu avec les cocons fins et grossiers, se détériore ; il perd toute sa gomme et donne alors une quantité de duvet. Filé séparément, on en tire encore un assez bon parti.

Tout démontre enfin la nécessité du bon triage des cocons.

Il est bien reconnu que le petit cocon filé avec le gros produit beaucoup de duvet, par la raison que le petit cocon donne toujours son fil de soie beaucoup plus vite, sa circonférence étant moindre. Faites séparer ces petits cocons lors de la réception, et achetez de préférence des cocons de la même forme, autant qu'il vous sera possible.

L'opération du battage fait avec discernement contribue beaucoup, on l'a vu, à faire éviter le duvet.

Le duvet peut encore provenir de ce que la fileuse lance le fil du cocon trop long.

Manque d'élasticité de la soie.

On reconnait une bonne soie à son élasticité. L'absence de cette qualité tient à plusieurs causes que je vais énumérer :

1° Une croisure trop faible. Vous ne courez pas cette chance en adoptant la croisure mécanique.

2° Le degré de chaleur nécessaire à l'eau de la bassine lorsque le cocon se dévide. Une forte croisure ne produit pas d'effet si l'eau de la bassine n'est pas continuellement un peu en ébullition. Alors seulement la croisure et la gomme du cocon donnent une soie nerveuse, élastique.

3° L'excès dans l'action du feu sur les cocons, lorsqu'on

les étouffe à sec. Cet excès produit une soie cassante, privée d'élasticité. Dans l'étouffage à la vapeur vous ne courez pas la chance de brûler le fil du cocon; adoptez toujours ce système de préférence.

4° Votre soie n'est pas élastique, 1° si la cuisson des cocons est imparfaite, car alors la gomme qui n'est pas assez détrempée ne lie plus les divers fils de soie ensemble; 2° dans le cas où, au contraire, la cuisson serait trop forte, le cocon étant alors privé de sa gomme. Nécessité de plus pour tenir à un bon battage des cocons.

5° La soie qui ne sèche pas au fur et à mesure qu'elle se dévide fait beaucoup de déchet au moulinage et n'a point d'élasticité. Je conseille à ce sujet, le système de calorifère de M. Farjon, de Roquemaure, mon collègue de l'Académie Nationale, Manufacturière, Industrielle et Commerciale de Paris.

Avec ce système, il vous sera permis de filer de la soie sèche avec le temps le plus humide. Il en résultera pour vous un grand avantage.

Irrégularité de la soie.

Parmi les qualités de la soie, la régularité est assurément la plus désirable. Elle est indispensable pour les étoffes unies, telles que le satin ou la peluche.

Les irrégularités proviennent de diverses causes :

1° C'est souvent le fait de la fileuse, qui n'attache pas à son brin de soie le nombre de cocons fixé. Que la surveillance la plus active tienne sur ce point en respect l'ouvrier qui serait animé de mauvais vouloir.

2° Mais c'est bien souvent aussi la faute du fileur. Si vous voulez obtenir beaucoup de travail en précipitant le mouvement de votre filature, la fileuse, ne pouvant suffire à lancer des fils de soie, vous donne surtout des écarts en fin (titre de soie). Ne demandez donc pas l'impossible à cet ouvrier; venez-lui en aide, au contraire, par tous les moyens propres à lui faciliter son travail.

3° Lors du deuxième triage, mélangez bien tous vos cocons, et pour cela prenez un peu partout dans les appartements où ils sont logés.

Il est bien reconnu que les cocons donnent un titre de soie plus ferme les uns que les autres. La commune des cocons donne $2\frac{1}{2}$ deniers (titre de soie); mais il y en a qui donnent $2\frac{1}{4}$ et d'autres $2\frac{3}{4}$.

4° J'ai déjà fait observer que le cocon nommé *pelette* ne donne que 1 *denier* $\frac{1}{2}$. C'est pourquoi il ne faut jamais permettre à la fileuse d'avoir plus d'une pelette à son brin pour les 3/4 à 5/6 cocons. Lorsqu'elle a deux pelettes à son brin, aussitôt elle doit lancer un bon cocon et retirer rapidement une pelette, qu'elle utilisera plus tard dans un moment convenable.

Je conviens que ce travail exige une attention continue de la part de la fileuse, mais ce soin est absolument nécessaire, sans quoi vous êtes exposés à avoir des écarts en titre fin ; ces pelettes qui ne sont que des cocons tendant à leur fin, cessent à chaque instant de donner de la soie. Ce travail de la pelette est négligé par beaucoup de fileurs ; et c'est à tort, car il a une importance réelle pour la régularité de la soie.

5° Si vous filez des soies d'un titre exceptionnel, depuis huit jusqu'à douze cocons, adoptez les bassines doubles à quatre compartiments, et vous filerez les titres fermes avec autant de facilité que les titres fins. Avec ce genre de bassine, vous simplifiez le travail de la fileuse et vous rendez la surveillance bien plus facile.

6° Que l'eau de la bassine soit toujours un peu en ébullition lorsque le cocon se dévide. Son fil casse plus rarement, par cette raison qu'il se détache plus aisément de sa gomme, et alors la fileuse peut suffire à lancer les fils de cocon que vous exigez pour obtenir tel titre.

Frisons filés à la bassine.

L'année 1849, les frisons ou déchets de la filature étaient tombés dans une dépréciation complète. J'eus alors la pensée de chercher un moyen d'en tirer un meilleur parti. J'eus le bonheur de réussir au-delà de mes espérances. Avec le frison, je produisis un fil qui trouva tout de suite son emploi dans la passementerie et autres genres d'industrie, tels que franges pour schals, glands pour rideaux, franges pour voitures, calottes grecques et divers tissus secondaires.

Je vendis ces produits trois fois plus que le frison, et sans avoir fait aucune dépense pour la main-d'œuvre, car la batteuse filait ces cocons le matin et le soir, lorsque la fileuse a une quantité suffisante de cocons battus. J'ai cessé depuis deux ans ce genre de produit, le frison ayant atteint un prix assez élevé. Mais je suis très disposé à le reprendre aussitôt que la convenance m'en sera indiquée par des circonstances analogues à celles qui se produisirent en 1849.

Rien de plus simple que la filature des frisons. J'étire le frison dans l'eau bouillante à l'aide des deux mains et en forme un fil assez régulier que je fais dévider sur un volet. Je me mets tout à la disposition de ceux de mes confrères qui voudraient connaître mon procédé.

Je fais figurer à l'Exposition universelle ces produits pour lesquels j'avais trouvé un placement si avantageux.

MOULINAGE DE LA SOIE.

Le moulinage de la soie est bien loin d'offrir les mêmes difficultés que la filature. Parfaitement connaitre le moulinage n'en est pas moins une nécessité ; on ne peut devenir fileur de premier ordre si l'on n'est moulinier en même temps. Et, en effet, malgré toute l'exactitude, toute l'habileté pratique que vous pourrez apporter dans la surveillance de votre filature, vous avez encore des ouvriers qui font mal ; or, avec le moulinage vous reconnaissez tous les défauts de votre soie, et vous savez les ouvriers sur qui doit retomber le blâme.

Le moulinage, outre son utilité et sa destination propres, présente donc les moyens d'un contrôle efficace du travail de chaque fileuse, et l'occasion de ce contrôle se présente dès la première opération que vous faites subir à la soie, le *dévidage sur bobine*.

Chaque tavelle qui sert à dévider la soie porte le

4*

numéro d'ordre de la fileuse. Aussitôt que la surveillante reconnait un défaut de la fileuse, elle prévient le chef d'atelier qui oblige l'ouvrier en faute à rectifier sa main d'œuvre. Les fileuses le savent, et c'est le seul moyen de les tenir en éveil. Nul doute qu'avec ce système vous n'obteniez une soie plus perfectionnée.

Je vais parcourir les diverses opérations que comporte le moulinage de la soie pour l'ouvraison de *l'organsin*, destiné aux étoffes satin, qui exigent, on le sait, le plus de soin et de perfection dans la préparation de la soie.

PREMIÈRE OPÉRATION.

Dévidage de la soie. — Son organisation.

1° Une surveillante est chargée de diriger cette opération. Elle emploie toute sa vigilance pour empêcher que l'ouvrier ne fasse mal à propos du déchet que nous appelons *bourre de soie*.

Elle observe les ouvriers qui n'enlèveraient pas les bouchons que renferme la soie.

Elle remarque surtout, avec une attention continue, les défauts introduits dans la soie par la négligence de la fileuse, afin de les désigner au chef d'atelier.

Elle dresse les ouvriers apprentis.

2° Une fille intelligente est choisie pour poser les

flottes de soie sur les tavelles, et pour chercher le brin de soie des flottes qui tendent à leur fin, dans le but d'éviter un déchet que pourrait faire la taveleuse ;

3° La taveleuse cherche le fil de soie toutes les fois qu'il casse ; elle le fait dévider sur une bobine ; elle enlève tous les bouchons de la soie qui s'arrête aux deux purgeoirs ; elle noue et coupe avec des ciseaux ou avec les dents, aussi court que possible, tous les fils de soie qui viennent à casser.

Cette première opération du moulinage est fort simple et présente peu de difficulté.

2me OPÉRATION.

Purgeoir à un bout.

Une même surveillante donne tous ses soins à cette opération, qui n'est pas sans importance. L'ouvrier qui en est chargé s'appelle *tracaneuse*. Sa fonction est d'enlever les bouchons que la taveleuse aurait laissé passer.

Chaque taveleuse, qui a son numéro d'ordre, a sa tracaneuse fixe, de telle manière qu'il soit possible de connaitre les taveleuses qui ne remplissent pas leur devoir.

Le fil de soie, qui a déjà passé par deux purgeoirs, doit encore passer par quatre autres. La soie ne laisse rien à désirer, sous le rapport de la netteté, après qu'elle a subi ces vérifications successives.

La tracaneuse doit encore couper tous les nœuds avec des ciseaux ou avec les dents. C'est à tort que l'on permet en général de les couper avec les doigts; les nœuds sont alors toujours longs; le fabricant s'en plaint et avec raison.

Si la tracaneuse rencontre des gros bouts, ou des passages bouchonneux ou duveteux dans la soie, elle doit les faire dévider sur des bobines séparées, que l'on classe dans la soie troisième ordre.

3me OPÉRATION.

Filage de la soie.

Le filage est le premier apprêt que l'on fait subir à la soie sur les moulins. La tracaneuse alimente l'ouvrier qui en est chargé et que nous appelons *filageuse;* chaque filageuse doit aussi avoir son numéro d'ordre et doit contrôler le travail de la tracaneuse.

Je choisis pour cette opération mes ouvriers les plus intelligents, parce qu'elle exige plus de soin, elle présente plus de difficulté.

La filageuse doit toujours tenir ses moulins dans un état de propreté. Elle veille exactement à ce que les fuseaux tournent régulièrement, sans la moindre vacillation ; des fuseaux paresseux donneraient une ouvraison imparfaite, qui n'échapperait pas au fabricant de satin.

L'organsin pour satin subit une forte épreuve à la teinture. Cette soie est étirée autant qu'elle peut le supporter ; plus elle est élastique, plus le satin est beau. On comprend la nécessité d'un apprêt régulier ; les fils de soie qui ne seraient pas suffisamment tordus, casseraient à la teinture, et le fabricant se plaindrait justement.

Cette opération du filage est très délicate, elle exige une grande attention de la part de l'ouvrier. C'est le maître moulinier qui est chargé de la surveiller.

4me OPÉRATION.

Doublage de la soie.

Cette opération est sans aucun doute la plus essentielle, et réclame des ouvriers intelligents. Il s'agit de réunir deux brins de soie ensemble.

La soie, après avoir subi un premier apprêt, arrive au doublage ; la filageuse alimente la *doubleuse* qui lui est assignée.

La difficulté que je rencontrais pour dresser une bonne doubleuse, pour obtenir un doublage parfait, m'a fait longtemps chercher un procédé qui rendit cette opération aussi indépendante que possible du savoir-faire de l'ouvrier. J'ai enfin réussi à créer un système de doublage bien autrement simple que le système mis en pratique chez tous les mouliniers.

Avec l'ancien doublage, deux bobines se dévident sur une autre bobine. Mais lorsque un fil vient à casser, ce qui engendre le *faux tour* — et ce cas se reproduit assez souvent, — la doubleuse est obligée de reprendre la bobine destinée à recevoir les deux fils de soie et qui n'en reçoit plus qu'un depuis que le second est rompu ; et elle fait redévider ce bout simple jusqu'à ce qu'on soit arrivé au bout double. De là perte de temps, cause de déchet, et chance d'avoir un fil à un et à trois bouts au lieu de deux.

J'ai créé un appareil que j'appelle, à raison de sa destination, *évite-faux-tours*. Ce n'est autre chose que l'évite-mariage de la filature (procédé Louis Chambon), dont j'ai fait l'application au doublage de la soie. L'opération est on ne peut plus simple, et, avec très peu de dépense, on peut disposer les anciens doublages à mon nouveau système, dans lequel les mouliniers qui l'adopteront constateront inévitablement, comme moi, de notables avantages. Ces avantages sont :

1° Facilité pour le travail de l'ouvrier ;

2° Tension des deux bouts parfaite ;

3° Impossibilité des bouchons, qui sont arrêtés par deux purgeoirs en drap ;

4° Célérité plus grande dans l'opération ;

5° Économie dans la main-d'œuvre ;

6° Économie dans le déchet, d'autant plus à considérer que les deux fils de soie que l'on double ensemble ont déjà subi *trois opérations.*

Je pouvais assurément demander un brevet d'invention. La satisfaction bien vive, je l'avoue, que j'ai ressentie des résultats de cette amélioration importante dans le moulinage, a dominé celle que j'aurais rencontrée à la poursuite d'une exploitation intéressée; j'ai offert et j'offre ici bien volontiers à tous mes confrères la communication de mon procédé. Déjà, il y a dix ans, je l'ai donné à une maison qui l'a introduit avec empressement dans ses ateliers; c'est la maison Claude et Joseph Bonnet et Cⁱᵉ, de Lyon, qui joint à une des premières fabriques de satin, une fabrique à soie dans le département de l'Ain, la plus importante que nous ayons en France.

5ᵐᵉ OPÉRATION.

Tors, deuxième apprêt de la soie.

La doubleuse alimente les moulins du *tors*. Le tors est une opération faite par des hommes principalement, parcequ'elle est beaucoup plus pénible; elle exige du soin, mais sans présenter de difficultés.

La surveillance appartient au maître moulinier.

Voulez-vous obtenir un bon moulinage, que la surveillance ne laisse rien à désirer; que le mécanisme surtout soit parfait. Avec ces deux conditions, un bon fileur devient facilement un excellent moulinier.

Certainement le moulinage a pour résultat de rendre la soie plus nette. Mais il ne lui enlève point sa nature duveteuse, il ne lui donne point la régularité dans le titre. La filature est incontestablement la base d'une soie de mérite; le moulinage est le complément obligé de la filature, dont elle perfectionne les produits.

De toutes les opérations pratiquées sur la soie dans le moulinage, une seule présente des difficultés; c'est le *doublage*. Je crois ces difficultés complètement aplanies par l'*évite-faux-tours*, que j'ai été conduit à imaginer en considérant tout ce qu'il y a de simple, d'ingénieux et d'utilité pratique dans l'*évite-mariage* de Louis Chambon, qui fut un progrès signalé dans l'art du filage des soies.

CONCLUSION.

En terminant ici cet essai de traité, je n'ai pas besoin de dire que je ne saurais avoir la prétention d'avoir exposé tous les procédés propres à remédier aux défauts de la soie. Je crois avoir signalé tous ces défauts; j'ai indiqué des soins indispensables pour les corriger, ou pour diminuer les déchets, qui ont une influence sensible sur le prix de revient des soies.

Loin de moi, assurément, la pensée d'avoir voulu m'ériger en conseiller présomptueux à l'égard de mes confrères. Mais peut-être n'est-il que trop vrai que chacun garde par devers soi les améliorations que lui a suggérées sa pratique. Inviter tous mes confrères à vulgariser leurs améliorations, à faire profiter l'industrie nationale des progrès de chacun, tel est le but, je l'ai dit tout d'abord, de cette modeste publication; l'intérêt de mon pays, avant tout, a inspiré mon initiative.

PROCÈS-VERBAL

D'UNE SÉANCE

DU

COMICE AGRICOLE D'ALAIS

ET

Suite d'enquête sur les procédés nouveaux de Filature

& sur les produits en soie

DE M. ÉMILIEN REIDON.

PROCÈS-VERBAL.

———

Le 24 septembre 1849 le Comice agricole de l'arrondissement d'Alais, sur une convocation spéciale, s'est réuni au lieu de ses séances à l'hôtel-de-ville, 1° pour recevoir communication des procédés innovés par M. Emilien Reidon à sa filature de Pomiers, commune de Saint-Jean-de-Valériscle ; 2° pour vérifier les résultats généraux et le rendement de sa campagne de 1849 d'après ses livres ; et 3° pour attester sa carrière industrielle et les services qu'il a rendus pour la production des soies.

Sont présents : MM. Serre-Guiraudet, président, D'hombres-Firmas, président honoraire, Gustave Gilly, vice-président, Victor Pagès, Varin, de Lachadenède, Francezon aîné, Plantier fils, Edouard Fraissinet, Sales-Devaux et M. Reidon (Emilien).

§ 1ᵉʳ.

Le président annonce l'objet de la réunion tel qu'il vient d'être indiqué, et la discussion s'établit sur le

premier point, celui des procédés nouveaux de filature de M. Emilien Reidon.

Après les observations et l'opinion émise des divers
membres, on a considéré, sans en préjuger l'importance, qu'il y avait dans l'établissement de Pomiers et
notamment dans la filature l'application de nouveaux
procédés.

Le mode de filature n'est pas celui qui a été usité
jusqu'ici. Il y a subdivision dans le travail et de plus
nombreuses spécialités créées dans les fonctions :
ainsi les opérations de la cuite des cocons, de leur battage, et ensuite du filage, avec le déchet des frisons,
qui se font ailleurs par chaque fileuse chargée de tout
cet ensemble, deviennent dans l'atelier Reidon l'objet
d'un travail séparé et distinct, et sont confiées pour
chacune de ces œuvres à une personne particulière.

Il y a quatre sections dans la filature de Pomiers,
de 120 bassines.

Huit des plus jeunes filles sont chargées de cuire le
cocon ;

Seize batteuses veillent à l'opération importante de
détacher du cocon sa partie cotoneuse et grossière, et
de s'arrêter au brin de soie pure, comme aussi de faire
du frison une soie ferme, en filant ce frison.

De plus, pour transporter les cocons battus et
purgés d'une bassine à l'autre, quatre surveillantes
servent de lien et de guide dans toutes les opérations :
le reste des ouvrières n'est occupé qu'à filer le brin

de la soie pure, sans se distraire à aucune autre fonction.

Ainsi, toutes les ouvrières ne faisant qu'un objet et qu'une sorte de travail, peuvent y apporter toute leur attention et y acquérir une plus grande habileté.

Il y a là une subdivision de tâche, et des spécialités de fonctions qui doivent finir par donner une plus grande perfection de produits ; car il est certain qu'on doit mieux faire en ne faisant qu'une seule opération.

Ainsi l'idée principale d'après laquelle M. Reidon a organisé et réparti sa filature doit être approuvée ; elle est conforme aux règles de la science et de l'industrie.

De plus, l'opération du battage des cocons est une de celles qui exercent le plus d'influence sur les résultats afin de ne pas sacrifier trop de bonne soie dans le déchet. Il faut, pour ce travail délicat, exigeant toute l'attention de l'ouvrière, les fileuses les plus consommées ; et il y a dès lors bien plus de chances de trouver seize bonnes batteuses dans l'établissement que cent vingt. C'est la base fondamentale de la filature Reidon.

Ainsi la division du travail, comme il a été dit, et la plus grande adresse acquise dans chaque spécialité, doivent obtenir un perfectionnement et produire, en définitive et à la longue, de meilleurs résultats ; surtout en faisant en sorte que le déchet et la perte en soie fine soient diminués, la batteuse portant toute son attention sur un seul objet, pouvant mieux s'arrêter à propos et bien saisir l'instant où la bourre cotoneuse du cocon est tout entière enlevée et où commence le brin précieux de la soie pure.

En résumé, sur cette première partie, non moins que sur le filage du frison à la bassine transformé en soie ferme, ensuite moulinée et épurée, il y a l'introduction de procédés nouveaux dans la filature des soies par M. Emilien Reidon.

§ 2.

M. Reidon a soumis et communiqué au Comice les résultats généraux et le rendement de sa campagne 1849. Cet état est extrait de ses livres, qui sont aujourd'hui clôturés par suite de la fin de sa filature de cette année, et le tableau fourni est certifié par M. Caucanas, qui a tenu la comptabilité, comme étant son affaire spéciale.

Il a en même temps annoncé qu'il avait avec lui ses livres pour qu'on pût les vérifier, ainsi que la main courante de ses opérations.

Les résultats de la campagne 1849 à sa filature de Pomiers (commune de Saint-Jean-de-Valériscle) sont les suivants :

1° Sa rentrée des cocons des Cevennes filés pour le compte de divers propriétaires a été de **11** kilogrammes **660** grammes pour le kilogramme de soie fine.

2° Sa rentrée des cocons achetés pour son compte,

savoir : un tiers cocons des Cevennes et les deux tiers cocons du côté d'Uzès, qualité très secondaire, a été de 12 kilogrammes 663 grammes pour le kilogramme de soie fine.

3° Sa rentrée de cocons, *en commune*, a été de 12 kilogrammes 388 grammes pour le kilogramme de soie fine.

4° En convertissant une partie des frisons *en soie ferme*, il obtiendra dans cette campagne un bénéfice de 2500 fr. sur ses débris de filature ; et il a l'espoir de parvenir à filer à la bassine tout le frison, ce qui donnerait un bénéfice annuel de sept à huit mille francs.

M. Reidon fait observer en outre qu'en général il a constaté, — autre résultat de ses nouveaux procédés, — que sa soie était moins bouchonneuse et surtout moins duveteuse ; le défaut du duvet est capital pour les premiers emplois des satins.

Ainsi il ressort du tableau renfermant les résultats généraux et le rendement pour la campagne 1849 à la filature Pomiers, que pour les cocons des Cevennes M. Reidon a eu, en moyenne, pour rendement un produit *d'un* kilogramme soie fine par *chaque onze kilogrammes 660 grammes* de cocons ; tandis que, de l'aveu des fileurs d'Alais, il a fallu aux autres treize kilog. de cocons pour un kilo de soie ; et c'est encore là un résultat assez avantageux. C'est le résultat généralement constaté pour la plupart des bonnes filatures.

Quelle n'eût pas été la différence au profit de

M. Reidon s'il n'avait filé que des cocons des Cevennes !

Le rendement total de la campagne 1849 ainsi constaté justifie donc l'avantage des procédés qu'il a innovés ; en sorte que non seulement ils reçoivent en théorie l'approbation des hommes spéciaux, comme ils ont été vérifiés bons dans la pratique, mais encore ces nouveaux procédés obtiennent, après une expérience faite, sur l'échelle de toute l'année, la sanction la plus irrécusable, celle des chiffres et du produit. La confirmation qui résulte des livres achève de mettre en lumière l'utilité de ces modes nouveaux introduits par M. Reidon dans la filature de la soie, et servira à en faire plus tard juger et généraliser l'importance.

§ 3.

Sur le troisième point de la carrière industrielle de M. Emilien Reidon et des services qu'il a rendus à cette branche de la production des soies, on a reconnu, soit comme étant de notoriété, soit comme étant à la connaissance personnelle des membres du Comice, l'exactitude et la vérité de tous les faits que M. Reidon a énoncés dans sa lettre à M. le Sous-Préfet d'Alais du 17 septembre 1849, et qui sont reproduits et détaillés en tête du procès-verbal ci-dessus du 18 septembre courant. On a reconnu que M. Emilien Reidon était, depuis 17 ans, rangé au nombre des premiers fileurs ; que nul plus que lui n'avait propagé partout cette branche de commerce des soies, et jusque dans le département de l'Ain, où une filature qu'il y a fondée (celle de Joseph Bonnet et C*) produit à elle seule et consomme avec sa fabrique quinze mille kilos de soie par an. C'est là l'importation d'une industrie toute nouvelle pour des soies de premier ordre qui lui est due, en même temps qu'il a enseigné et introduit ses meilleurs procédés de perfectionnement. Il a été animé du même esprit dans les autres créations nombreuses de filatures dont on lui est redevable dans nos contrées, et qu'il a énumérées dans son exposé à M. le Sous-Préfet.

C'est ce qui le place parmi les fileurs du premier rang qui marchent à la tête de cette industrie, en dotant leur pays de procédés nouveaux ou de continuels perfectionnements.

Ainsi délibéré et dressé le présent procès-verbal, à Alais, le susdit jour 24 septembre 1849 par le délégué de la commission, chargé spécialement de cette rédaction, membre secrétaire du Comice soussigné.

SALES-DEVAUX.